MW01423790

THE LURE-MAKER FROM POSIO

THE LURE-MAKER FROM POSIO

Prose Poems of Dag T. Straumsvåg

Translated by Robert Hedin and Louis Jenkins

FOR CAREY,
THANK YOU FOR
MAKING MY STAY/READING
IN MANKATO SO LOVELY.
ALL THE BEST TO YOU &
YOUR WRITING —
ROBERT, 2013

Red Dragonfly Press • Minnesota • 2011

Norwegian text copyright © 2011 by Dag T. Straumsvåg
Forward © 2011 by Robert Hedin
Translations copyright © 2011 by Robert Hedin and Louis Jenkins, respectively
All rights reserved

ISBN 978-1-937693-00-8

Library of Congress Control Number: 2011937974

Robert Hedin's translations have previously appeared in *Absinthe*, *Alaska Quarterly Review*, *Arts & Letters*, *Askew*, *Circumference*, *Connotation*, *5 AM*, *Hayden's Ferry Review*, *Ice Floe*, *International Poetry Review*, *Knockout*, *Osiris*, *Poetry International*, *Washington Square* and *Willow Springs*. ¶ Louis Jenkins' translations have appeared in *Great River Review*, *tarpaulinsky.com*, *Terminus* and *To Topos: Poetry International*. Several of these translations were also published in *A Bumpy Ride to the Slaughterhouse: Prose Poems of Dag T. Straumsvåg* (Red Dragonfly Press, 2006).

Translator's initials appear under each translation in this volume.

Cover design by Wendy Amundson; cover artwork is an engraving by
Marcus Elieser Bloch (1723-1799) entitled "Codfish."

Typeset in Quadraat & Quadraat Sans, a digital typeface designed
by Dutch type designer Fred Smeijers.

Printed in the United States of America
on 30% recycled stock
by Thomson-Shore, a worker owned company.

Published by Red Dragonfly Press
press-in-residence at the Anderson Center
P. O. Box 406
Red Wing, MN 55066

For more information and additional titles visit our website
www.reddragonflypress.org

Table of Contents

Foreword

The Lure-Maker from Posio brings together fifty of the rich, evocative prose poems of Norwegian poet, translator, and editor Dag T. Straumsvåg. A bilingual edition, it includes all the poems from his well-received *A Bumpy Ride to the Slaughterhouse*, published by Red Dragonfly Press in 2006, as well as a generous gathering of new poems that have never before been translated into English and appear here for the first time. ¶ Born in 1964 in Kristiansund, a city on the sparsely populated coastline of western Norway, and raised in the nearby village of Tingvoll, Straumsvåg is a respected translator of contemporary American poetry and serves as founding editor and publisher of Pir forlag, an independent book publisher in Trondheim, where he has lived since 1984. ¶ Filled with unique clarity, humor, and freshness, Straumsvåg's poems are not well-mannered, restrained or fastidious in any way, but quirky and compelling—brief, jazz-like riffs that through their deft phrasing and many surprising turns and intersections possess an air of almost spontaneous invention. Employing common, everyday language and a deceptively simple style, they are forever voyaging off the map into worlds where "everything," as he writes, "is possible, anything can happen." ¶ There is the woman in "Anna" who after giving birth to two fine sons lays an egg. Or the birds in "Accidents" that suddenly break out of a hole in the sky to perform an air ballet. Or the shoe in "The Child's Shoe" that mysteriously sprouts between the cobblestones of a street. ¶ "Fishing's no picnic," Urho Sariainen, the fabled lure-maker from Posio, tells us. And, indeed, he is right. Throughout this lively, thoroughly enjoyable volume, Straumsvåg fishes up out of the depths the dark and unsettling, the wonderfully odd and unpredictable. The result is a book that is not only memorable and engaging but unusually rewarding in its revelations, one filled with the playful joys of discovery, of the imagination, the immemorial spirit of the journey itself.

— Robert Hedin

I

Teiknefilmtriks

Ein mann går opp-ned gjennom byen. Auge, naseborer, bukseselar. Alt er opp-ned. Det er heilt annleis enn ein mann som går på hendene. I dag har vore eit helvete, seier han, som i dag betyr himmelsk. Hovudet hans er på nivå med tærne våre, og det er vanskeleg å halde i gang ein avslappa samtale. Ryggsmerter, kollisjonar med lyktestolpar, fotografar, TV-predikantar. "Dette vil setje byen vår på kartet," meiner ordføraren. "Kart er bra," seier kona hans.

Cartoon Trick

A man walks upside-down through town. Eyes, nostrils, suspenders. Everything is upside-down. It's completely different from a man walking on his hands. Today has been hell, he says, which means today has been heaven. His head is level with our toes, and it's difficult to keep up a decent conversation. Back pains, collisions with lampposts, photographers, TV-preachers. "This will put our town on the map," the mayor thinks. "Maps are good," his wife says.

[R.H.]

Kartet

Endeleg har eg gjort alvor av den lengje påtenkte byturen. Eg har gått tom for det meste: proteinar, jarn, karbohydratar, forventingar. Eg vil kjøpe det gamle kartet eg har sett på. Det er eit detaljert kart over favorittstaden min ved elva, ein rutete duk dekt med mat og drikke. I vasskanten sit jenta eg elskar. Ho snur seg og seier: "Eg skulle ønskje dette kunne vare for alltid." Men kartet er ei forfalsking, ingenting stemmer. Ikkje eit landemerke er der det skal vere og himmelretningane er dønn feil. Ikkje eingong personane er rette, kledde for eit anna liv, langt borte frå elva.

The Map

Finally, I've decided to make the long awaited trip to town. I'm out of most things: proteins, iron, carbohydrates, expectations. I'm going to buy that old map I've been looking at. It's a detailed map of my favorite place by the river, a checked cloth heaped with food and drinks. The girl I love lounges at the water's edge. She turns and says, "I wish this could last forever." But the map is a forgery, nothing is right. Not a single landmark is where it should be. And the compass points are all wrong. Not even the people are right, dressed as they are for a different life, miles from the river.

[R.H.]

Pensjonert privatdetektiv

Han kunne høyre ein lyd inni seg, ei slafsing, som om nokon gnog på eit bein. Han mistenkjer ekskona, og så naboen. Eit par månader seinare byrjar han å halte. Kanskje er haltinga planta der. Han flyttar til ein annan by, endrar namn. Han kan enno høyre slafsinga. Han blir eldre. Han blir mindre. Han mistenkjer alle. Folk døyr og testamenterer småting til han. Andre delar av han byrjar å halte. Han mistar håret. Han granskar seg sjølv. Kvar morgon vaknar han av duren frå det sølvblanke flyet som stupar ut av sola og droppar frukost i munnen hans utan å søle.

Retired Private Detective

He could hear this sound deep inside himself, a munching sound, like someone gnawing on a leg bone. He suspects his ex-wife, then his neighbor. A few months later he begins to limp. Maybe the limp was planted there. He moves to another city, changes his name. He can still hear the munching. He grows older. He grows shorter. He suspects everyone. People die and leave him trinkets in their wills. Other parts of him go limp. He loses his hair. He investigates himself. Each morning he wakes to a silvery plane buzzing out of the sun, dropping breakfast in his mouth without spilling.

[R.H.]

Karl

I dag ringde politiet igjen. “Vi er leie for det, Karl, men han slapp unna denne gongen òg. De får låse dørene og halde dykk inne til de får nærare beskjed.” Dette er femte gongen politiet ringjer, og det er alltid den same beskjeden til ein som heiter Karl. Og kvar gong vil eg seie til han at han har feil nummer, at eg ikkje er Karl, at eg kjenner ingen Karl, men eg endar opp med å halde munn. Det følest så trygt å bli oppdatert på denne måten, å vite at politiet bryr seg nok til å passe på oss. Og så er det Karl, då. Eg lit ikkje på han. Det er noko unnvikande over mannen. Ingen har faktisk høyrd frå han sidan alt dette byrja. Det er som om han fullstendig har forsvunne frå jordas overflate.

Karl

The police telephoned again today. “We’re sorry, Karl, but he got away this time, too. You better lock your doors and stay inside until further notice.” This is the fifth time the officer has called, and it’s always the same message for a man named Karl. Each time I want to tell him he’s got the wrong number, that I’m not Karl, I don’t know any Karl, but I end up holding my tongue. It feels so safe to be updated this way, to know the police care enough to look after you. But then, of course, there’s Karl. I don’t trust him. There’s something elusive about the man. Actually, no one has heard from him since all this began. It’s as if he has completely vanished from the face of the earth.

[R.H.]

Postkort med elefantar

Grunnen til at elefantar blir så gamle, er at dei pustar langsamt, og utforskar kvart andedrag nøye. Med kapasiteten deira for å lagre minne over sørgjeleg lang tid, kan dei analysere all informasjon dei har samla inn. Det er eit vitskapeleg prosjekt. Grunnteorien elefantane arbeider etter er at alle levande skapningar har eit på førehand tilmålt antal andedrag å leve med. Når flokken passerer kadaveret til ein ung elefant på savanna granskar dei leivningane lengje og systematisk, men kjem alltid til det same: snøggpusting. Det er ein farsott. Elefantar har ikkje respekt for idrettsfolk. Alt for mykje pusting og pesing. Dei ville ha sagt ifrå til nokon, men dei har sine eigne problem å stri med. Paringstida krevjer alltid enorme mengder av pusting: så mykje slåssing og blæsing i trompetar. Så dei går lange fotturar og prøver å tenkje ut meir rasjonelle pusteteknikkar under paringa, men det gjer dei berre meir oppøste, og dei pustar snøggare enn nokon gong. Det er eit frykteleg dilemma, og dei er ikkje i nærleiken av å løyse det. Dei sukkar tungt og går vidare, lenger og lenger ut på den tørre savanna, fortapt i tankar.

Postcard with Elephants

The reason elephants live so long is that they breathe slowly, and explore each breath completely. With their capacity for storing memories for a depressingly long time, they can analyze the information they have collected. It's a scientific project. Their basic theory is that all living creatures have an allotted number of breaths to live on. When the herd passes the corpse of a young elephant on the savannah, they examine the remains long and systematically, but they always come to the same conclusion: fast breathing. It's a plague. Elephants have no respect for athletes. Way too much breathing! They would mention it to someone, but they have their own problems to deal with. The mating season always demands enormous amounts of breathing: all that fighting and trumpeting. So the elephants take long walks and try to come up with more rational breathing techniques during mating, but this only makes them more excited, and they are breathing faster than ever. It's a terrible dilemma and they're not even close to solving it. They sigh heavily, and walk on, further and further into the dry savannah, lost in thought.

[L.J.]

Remedie

Då eg var liten var djevelutdriving ganske vanleg, eit remedie på linje med isbad. Pluss at djevlane var mindre den gongen, akkurat som folk var mindre. Dei åt for lite frukt og grønsaker, dei mangla vitaminar og jarn, blei tynne og bleike, gav seg lett over til depressiv grubling. Dei likna meir på rådyr enn sauer, og når dei tok bustad i deg var det vanlegvis fordi dei var på flukt frå ein annan, og ikkje oppdaga kvar dei var før det var for seint. Det var meir eit spørsmål om å syne dei vegen ut enn å drive dei ut. "Ta til høgre ved frisørsalongen, gå rett fram til du kjem til det nedlagte skulehuset, så tek du til venstre. Derifrå er det strake vegen ut." "Tusen takk, eg ana ikkje kor eg var." "Inga årsak. Lykke til." "Du òg, og takk endå ein gong."

Remedy

When I was young, exorcisms were quite common, a remedy not unlike ice baths. Plus, devils were shorter in those days, just as people were. They hadn't eaten enough fruits or vegetables, and lacked essential vitamins and iron, grew thin and pale, fell easily into brooding depressions. They looked more like deer than sheep, and when they possessed you it was usually because they were fleeing from someone else and didn't realize where they were until it was too late. It was more a question of giving directions than driving them out. "Turn right at the hairdresser's, go straight until you get to the abandoned schoolhouse, then turn left. You should see the exit from there." "Thank you, I was completely lost." "You're welcome. Good luck." "You, too, and thanks again."

[R.H.]

Dr. Alfred

Han fekk denne sjukdomen, ein liten sjukdom, men han hadde ingen andre. Foreldra var døde, venene borte. Først var han litt reservert, så merka han at sjukdomen hadde sosiale evner han sjølv mangla. Folk tødde opp når dei var på besøk, prata meir. Han stelte sjukdomen med kjærleg hand, bar den med seg overalt. Han såg den vekse til ein avart ingen hadde sett før, og han blømde i merksemda som blei dei til del. Men sjukdomen blei sterkare, tok meir og meir over, var med i TV-debattar, gjekk ut på byen åleine. "Det vil berre vere fagfolk til stades, du ville ikkje skjøne noko av det." Seint ein kveld seier sjukdomen at dei må prate saman. "Eg er lei for det, men eg føler at du og eg har vokse frå kvarandre. Eg flyttar inn hos Dr. Alfred. Du hugsar Alfred? Vi har møttest i løynd dei siste månadane. Vi passar berre *så* godt saman."

Dr. Alfred

He came down with this disease, a small disease, but it was all he had. His parents were dead, his friends gone. At first he was reserved. Then he noticed the disease had social skills that he lacked himself. People opened up when they visited, talked more. He cared for the disease with a loving hand, carried it with him wherever he went. He watched it grow into a strain no one had ever seen before, and he blossomed at the attention they got. Then the disease grew stronger, took more and more control. It participated in TV-debates, went out on the town alone. "Only specialists will be there, you wouldn't understand a thing." Late one night the disease told him they had to talk. "I'm sorry to have to tell you this, but you and I have grown apart. I'm moving in with Dr. Alfred. You remember Alfred? We've been seeing each other secretly for several months. We're *so* good together."

[R.H.]

Kong Karls hovud

Tankane mine kjem frå *David Copperfield*. Herr Dicks problem med kong Karls hovud, frykta hans for vanvit og død som hoppar frå eit hovud til eit anna, sjølv etter halshogging. Frykt som ikkje lenger kan seiast høgt. London, 30. januar 1649: Kong Karl I førest til skafottet og mistar hovudet, men tankane hans smett forbi bøddelen.

Trondheim. Kongane pustar tungt i krypta under den ruvande katedralen. Ingenting lyftest. Galgelukta held kleda våre saman som tråd.

King Charles's Head

My thoughts come from *David Copperfield*. Mister Dick's problem with King Charles's head, his fears of insanity and death leaping from one head to another, even after decapitation. Fears that no longer can be said out loud. London, January 30, 1649: King Charles I is led to the scaffold and loses his head, but his thoughts slip by the executioner.

Trondheim. The kings breathe heavily in the crypts below the looming cathedral. No lift. The smell of the gallows holds our clothes together like thread.

[R.H.]

Kryperommet

Etter toga, etter hornmusikken, etter slottsplassen tømmest for folk og dronninga og ungane har gått inn, står kongen enno på balkongen og vinkar, smiler, vinkar. Han klarar ikkje å stogge. Ei grense er kryssa. Han høyrer lydar innanfrå slottet; nokon spyler ned på toalettet, ein kaffitraktar gurglar. “Gud, desse skorne tek livet av meg.” Han lurar på om livet hans vil endre seg no. Han ser på hendene sine. Dei vinkar. Han skulle ønskje at han hadde grovare hender. Han knip saman auga til smale gliper, som gliper mellom plankane i eit hyttegolv. Han legg seg på magen for å sjå om noko løyner seg der nede, om nokon ligg på ryggen i kryperommet med auga mot glipene og prøver å sjå om nokon løyner seg der oppe.

The Crawl Space

After the parades, the brass bands, after the palace square empties of people, and the queen and the kids have all gone inside, the king is still standing on the balcony, waving, smiling, waving. He can't stop. A line has been crossed. He can hear sounds from inside the palace; someone flushing the toilet, the gurgling of a coffee machine. "God, these shoes are killing me." He wonders if his life will change now. He looks at his hands. They wave. He wishes he had rougher hands. He closes his eyes until they are narrow cracks, like cracks between the boards of a cabin floor. He gets down on his belly to see if something is hiding down there, if someone is lying on his back in the crawl space, peering through the cracks, trying to see if someone is hiding up there.

[L.J.]

UFO-ar på dei norske bygdene

I motsetnad til i USA, landar det sjeldan ufo-ar på dei norske bygdene. Men vi har huslege flygande tallerkenar, særleg ved juletider. Utan varsel stupar dei ut av himmelen og krasjar i det gule håret vårt, lagar mystiske mønster i hjernebølgjene våre. Kva vil dei med oss? Er dei fiendtlege? Vi anar ikkje. Sjølv konene våre snur seg bort, mållause. Vi kan høyre ei høg summing, som om ein datamaskin inne i vraket framleis verkar, som om nokon har overlevd og samtalar frenetisk på eit framandt tungemål, nokon som kan ha svar på alle spørsmåla våre. Vi meiner den vitskapelege tilnærmingsmåten er best og sikrar ulykkesstaden, granskar og katalogiserer alle vrakdelar. Temperaturen fell snøgt under null. Vi kryp saman kring leirbålet... ein forvirra flokk primatar som plukkar lus frå håret til kvarandre i det bleike desemberljoset.

UFOs in the Norwegian Countryside

In Norway, unlike in the U.S., UFOs do not often land in the countryside. But we do have domestic flying saucers, especially around Christmas. Without warning they fall from a clear, blue sky, crashing in our blond hair, making mystical patterns in our brain waves. What do they want from us? Are they hostile? We don't have a clue. Even our wives shake their heads, unable to speak. There is a high-pitched, humming sound. It's as if a computer inside the wreckage is still working, as if someone had survived and is speaking frantically in a strange tongue, someone who might have answers to all our questions. We believe the scientific approach is best, so we secure the accident site, examine and catalog each piece of wreckage. The temperature is quickly falling below zero. We gather around the fireplace...a confused bunch of primates picking lice from each other's hair in the faint December light.

[L.J.]

Ei stille veke

Det har vore ei stille veke i hola, og neandertalaren fingrar med ein hårball han har funne i magen på ein moskus. Det er ein feittete hårball, og han oppdagar at han kan forme den til figurar, kva som helst fingrane hans er i stand til å skape. Han klappar ballen til ein firkant, rullar runde kuler av talg og kliner dei i eit tilfeldig mønster på kvar side. Nydeleg. Det er noko moderne over denne forma, mest minimalistisk. Ei perfekt form for vår tid, tenkjer han, enkel og tydeleg. Men er ho praktisk? Han kastar firkanten i lufta, legg den på hovudet, rullar den over holegolvet. Han klarar knapt å ta auga frå den. Kva for mønster vil vere synleg når den stoggar? Han kastar den ein gong til og prøver å gjette. Etter fem kast gjettar han rett. Han pustar ut, reiser seg, går bort til holemunnen. Dette er noko heilt nytt. "Betyr det at vi må ta eit nytt steg opp på evolusjonsstigen?" sukkar kona hans. "Dette er turbulente tider," seier han, "alt muleg kan hende."

A Quiet Week

It's been a quiet week in the cave, and the Neanderthal fingers a hairball he found in the stomach of a musk ox. A greasy hairball, and he realizes he can mold it into any shape he wants, whatever his hands are capable of making. He pats the hairball into a cube, makes pellets out of tallow, then smears them in random patterns on every side. Beautiful. There's something modern, almost minimalistic, about the form. It's perfect for our times, he thinks, simple and clear. But is it practical? He lobs it into the air, balances it on his head, rolls it across the cave floor. He can hardly take his eyes off it. What pattern will show up when it stops? He throws it one more time and tries to guess. After five attempts, he gets it right. He exhales, stands up, walks over to the cave door. This is something completely new. "Does this mean we'll have to climb one more rung on the evolutionary ladder?" his wife sighs. "These are turbulent times," he says. "Anything can happen."

[R.H.]

2

Leiv Eiriksson

Djupa i sinnet er til forveksling lik djupa i havet. Alt du finn er mørker og gamle vrak. Det som interesserer oss er opp- og nedstiginga, variasjonane i trykk, artsmangfaldet nær overflata, alt som driv omkring og ikkje synest å høyre til der. Folk gjev tommelen opp og vi går ned. I årevis har eg prøvd å forklåre korleis det er å gå ned, og kvar gong er det som når Leiv Eiriksson går i land på nordspissen av Newfoundland og pratar gamalnorsk til dei innfødde. Ingen skjønar eit ord. Kanskje hadde han planlagd kva han skulle seie. Eller kanskje ikkje. Kanskje trudde han at dei aldri ville nå land, at heile turen var eit frykteleg mistak.

Leif Ericson

The depths of the mind are confusingly like the ocean depths. You find only darkness and old wrecks. What interests us is the going down and the coming back up, the variations of pressure, the variety of species at the top, the things drifting around that don't seem to belong there. People give us the thumbs up, and we go down. For years I've tried to explain what it's like, and every time I feel like Leif Ericson arriving on the northern edge of Newfoundland, speaking Old Norse to the natives. No one understands a word. Maybe he planned what he was going to say. And then again maybe not. Maybe he thought he'd never reach land, how the whole thing was a terrible mistake.

[R.H.]

Optimistar

Telefonkatalogen blir tynnare og tynnare. Folk forsvinn frå fotografi og kjem ikkje igjen. Dører opnast ikkje meir og forsvinn i villniset av planter og blomar på tapetet. Hundreår går på ein time ved kjøkenvindauget. Einsam i lugaren sin byrjar Columbus på eit brev: "India må vere Paradis—umuleg å finne før ein er død." Likevel finn Columbus India. På same måte som vi finn sanninga om liva våre og står opp med fornya energi. Ei verktyrad i giv akt framom kartet av *Terra Incognita*. Handverkaren snur timeglaset: kvart sandkorn fell som ein stein.

Optimists

The phone book grows thinner and thinner. People disappear from pictures and do not return. Doors not opened anymore disappear into the shrubs and flowers on the wallpaper. Centuries pass in an hour by the kitchen window. Lonely in his cabin, Columbus begins a letter: "India must be Paradise—impossible to find unless you're dead." Still, Columbus did find India. In the same way we find the truth about our lives and get up with renewed energy. Tools stand like a row of sentries by the map of *Terra Incognita*. The craftsman turns the hourglass: every grain of sand falls like a stone.

[L.J.]

Campingplassen

Å svinge til høgre i staden for venstre. Det er enkelt. Eit lite mistak. Eit sekunds aktløyse, og du endar opp ein heilt annan stad enn du hadde tenkt deg. Inne på campingplassen veit eg ikkje lenger kvar eg er. Alt er likt. Pølser og kotelettar. Karar og kvinnfolk. "Vi er ein einaste stor familie!" Og dei er venlege, peiker i alle retningar. Badminton i staden for krig. Graset hostar opp fjørballar gjennom heile september.

Seint på natt. Alle søv i telta sine. Fiskarar og bønder under det stramme regimet til lerretsduken. Alle kunstar er forbode. Forbodslista er lengre enn sommaren her.

The Campgrounds

Turning right instead of left. It's easy. A small mistake. A rash moment, and you end up some place completely different than you ever imagined. Here at the campgrounds I no longer know where I am. Everything looks the same. Sausages and pork chops. Men and women. "We're all one big family!" And they're friendly, pointing in every direction. Badminton instead of war. The grass keeps coughing up shuttlecocks all through September.

Late at night. Everyone asleep in their tents. Fishermen and farmers under the strict regime of the canvas. All magic is forbidden. The list of *Don'ts* goes on longer than the summer here.

[R.H.]

Juni

Dei står framom presten og blir aldri lykkelegare eller meir heltemodige enn dei er no. Brura ser ei fluge gå over nasen til den krossfesta Jesus og nys før ho svarar. Ei mor ser på ungen sin og kan ikkje hugse faren. På andre sida av gata balanserer ein mann på ein krakk og vaskar butikkvindauget sitt. Ein motorsykkel krusar forbi. Presten kikar ut. Regn i lufta. Godt fiskevêr. Han likar å fiske, likar å vere ute heile dagen, sjølv når det blæs og regnet pøsar ned, sjølv når vatnet er tomt, står han der ute og fiskar. Alt er av interesse. Smolt, ein gamal støvel, botnen.

June

They stand before the priest, never happier or more heroic than this moment. The bride spots a fly crawling across the nose of the crucified Jesus, and sneezes before she can answer. A mother stares at her child and can't remember the father. Across the street, a man balances on a stool and washes his store window. A motorcycle cruises by. The priest looks up. There's a light drizzle. Good weather for fishing he thinks. He likes to fish, likes to stay out all day, even in the wind and pouring rain, even if the lake is empty. Out there, fishing, everything is of interest. Minnows, an old boot, the bottom.

[R.H.]

Manetar

Det er formidable stader i havet, men manetar ser ikkje ut til å bry seg. Dei driv som skrømt gjennom vatnet, pumpar seg frå ingenting til ingenting, eller duppar i vasskorpa og observerer livet. Viss ein manet skulle skrive ei bok om livet, ville han berre skrive om vatn. Vatn i nasen og vatn i øyra. Vasstemperatur og havstraumar. Solbardunane som held havet festa til kloden.

Jellyfish

There are formidable places in the ocean, but the jellyfish don't seem to care. They drift like ghosts through the water, pumping themselves from nothing to nothing, or bob on the surface observing life. If a jellyfish were to write a book, it would be all about water. Water in the nose, water in the ears. Water temperatures and sea currents. The wires of sunlight that keep the ocean attached to the planet.

[R.H.]

Mørkret mellom stjernene

Eg er ingen autoritet i livet mitt. Sjølv om eg styrer nokre mindre operasjonar her, har eg ikkje tilgang til det store biletet. Livet mitt er eit avgrensa område, ei celle, opplyst av lysstoffrøyr, der eg kan lukte generasjonar av sveitte i veggane. Om kvelden når eg ikkje får sove smyg eg meg opp på taket. Eg granskar stjernene og mørkret mellom stjernene. Brått går ei dør opp, og eg ser ei bølgje av svart ljos, tusenvis av slavar som halar kloden ein centimeter nærare sphinxen.

The Darkness Between the Stars

I'm certainly no authority on my life. Though I run a few of its minor operations, I lack access to the big picture. My life is a confined space, lit by flourescent bulbs, a cell where I can smell generations of sweat on the walls. At night when I can't sleep, I escape to the rooftop. I study the stars and the darkness between the stars. Then suddenly a door opens. There's a surge of black light. I see thousands of slaves hauling the globe one inch closer to the sphinx.

[R.H.]

Resurgam i Delta Pavonis-systemet

Dei fleste oppfinningar er inspirerte av ting i naturen. Tenk på hjulet. Eller pc-en. Pc-en er ikkje ulik menneskehjernen; samansett, skrøpeleg, ein berar av dårleg nytt: "En uopprettelig feil har oppstått i Stasjon C." Stasjon C er hovudbasen til ei gruppe arkeologar som i tre år har leita etter prov på intelligent liv i Mantellsektoren, nordre Nekhebet, Resurgam i Delta Pavonis-systemet. Ein kald og nådelaus vind blæs over dei tørre slettene. Det einaste den tre dagar lange orkanen ikkje øydela var ein jarnspade og skipsloggen. I'koor, den siste overlevande frå Stasjon C, skriv: "Denne ekspedisjonen har vore ein fiasko frå dag ein. Det var ikkje teikn til intelligent liv her ute før vi kom, og no skal eg slå meg i hovudet med denne spaden."

Resurgam in the Delta Pavonis System

Most inventions are inspired by things in nature. Think of the wheel. Or the computer. The computer is not unlike the human brain, complex and frail, a bearer of bad tidings: "A fatal error has been detected in Station C." Station C is the base-camp for a group of archaeologists. For three years they have been looking for proof of intelligent life in the Mantell Sector, North Nekhebet, Resurgam in the Delta Pavonis System. A cold and relentless wind blows across the dry plains. The only things the three-day hurricane didn't destroy were an iron shovel and the ship's log. I'koor, the last survivor from Station C, writes: "This expedition has been a failure from day one. There wasn't any sign of intelligent life out here until we arrived, and now I'm going to hit myself over the head with this shovel."

[R.H.]

Bingo

Harald og eg gjekk på bingo ein kveld. Som var rart, sidan vi verken kjende kvarandre eller hadde avtalt å spele bingo. Vi visste faktisk ingenting om kvarandre, og var heile tida i tvil om vi prata med rett person. Dessutan lika ingen av oss bingo. Medan vi diskuterte dette, oppdaga vi at båe to hadde vener med same namn som oss, og det må ha vore dei som hadde avtalt å spele bingo. "Kanskje det," sa Harald, "men korleis hamna vi her?" Det var då ein mann kom bort og forsikra oss om at det ikkje var noko problem. "Alt er over no," sa han, "de har gjort det de skulle, no er resten opp til dei andre."

Bingo

Harold and I went to play bingo one night. Which was strange, since we didn't know each other and hadn't made any plans to play bingo. In fact, we didn't know anything about each other, so the whole time we were in doubt whether we were talking to the right person. Besides, neither of us liked bingo. While discussing this, we discovered both of us had friends with the same names as ours, and they must've been the ones who'd planned to play bingo. "Maybe so," Harold said, "but how did we end up here?" It was then a man came by to assure us there was no problem. "It's all over now," he said. "You've done your part, the rest is up to the others."

[R.H.]

Evaluering om hausten

Vi sit i parken, og vi er ikkje lykkelege. Kald vind, ingen pengar, og Gud veit kva anna som heng i ein tynn tråd over hovuda våre. Prognosane for vinteren er dystre. Vi bad om for mykje: gull og grøne skogar i staden for brød og mjølk, det beste geværet. Livet er ganske enkelt, eit spørsmål om treff eller bom. Måneskin silar ut av eit hol i skyene. Vi går i sirklar som trehestane på tivoli. Inne på Narvesen står bestemor ved speleautomatane og prøver å vinne over vonløysa si.

Appraisal in Autumn

We sit in the park, and we're not happy. Cold wind, no money, and God only knows what else is hanging by a thread over our heads. The prognosis for winter is gloomy. We asked for too much: the moon and stars instead of bread and milk, the best gun. Life is quite simple, a question of hit or miss. Moonlight seeps through a hole in the clouds. We go in circles like carousel horses at the amusement park. Back in the casino, grandmother is working the slots, trying to beat her despair.

[R.H.]

Uhell

Hundrevis av fuglar bryt brått ut av eit hol i himmelen. Det er ein luftballett for trekkfuglar. Dei må ha øvd i månadsvis. Alle veit kva dei skal gjere. Inga forvirring, ingen uhell. Det er perfekt, heilt annleis enn livet mitt. Vel, ikkje heilt. Fuglane har mange uhell på vegen sørover. Feilnavigeringar og kollisjonar. Somme sovnar på vengene. Dei har inga reiseforsikring, ingen konsulat å vende seg til. Dei må klare seg med det vesle dei har. Eit par venger og ein inderleg forakt for vinteren. Det er ikkje mykje, og dei bed om meir. God vind. Gud på si side. For mykje.

Accidents

Hundreds of birds suddenly break out of a hole in the sky. It's an air ballet for migrating birds. They must've been practicing for months. Each one knows what to do. No confusion, no accidents. It's perfect, completely different from my life. Well, not quite. The birds have many accidents on their way south. Navigation errors, collisions. Some of them fall asleep in mid-air. They have no travel insurance, no consulates to turn to. They must make do with what they have: a pair of wings and a deep contempt for winter. It's not much and they pray for more. Good wind. God on their side. Too much.

[L.J.]

Torsken

På trass av kva marinbiologane seier, er ikkje torsken særleg glupsk eller hardfør. Han sluker ikkje *alt* som kjem i hans veg, og han likar ikkje aude farvatn betre enn andre fiskar. I tusenvis av år har han patruljert saumen mellom kalde og varme havstraumar, og i nyare tid, synt europearane sjøvegen til Amerika. Problemet er at torsken hugsar ingenting. Han kan finne vegen til Labrador eller Lofoten tjue år på rad utan å kjenne seg igjen. På ein god dag varar minnet hans i kanskje tre sekund. Sei meg, er det der ei sild eller ein sluk? Når han tek feil kjempar han ikkje imot, prøver ikkje å vri seg av kroken. Han har fått nok og kastar inn handkledet. Livet er ikkje rettvist. Eller er det? Han kan verkeleg ikkje hugse.

The Codfish

Despite what marine biologists say, the codfish is not all that ravenous or tough. It doesn't devour *everything* that comes in its path, and it doesn't like desolate waters any more than the next fish. For thousands of years it's patrolled the seams between cold and warm ocean currents and, rather recently, showed the Europeans the way to America. The trouble is the codfish can't remember a thing. It might swim to Labrador or Lofoten for twenty straight years and not recall any of it. On good days, its memory lasts maybe three seconds. Say, is that a herring or a lure? When mistaken, it won't put up a fight; it won't even try to slip off the hook. It's had enough and throws in the towel. Life's just not fair. Or is it? The codfish really can't remember.

[R.H.]

Banan

Heile vegen over havet ligg bananen på ryggen og dreg seg i lasterommet, grøn og kry, ser framtida lyst i møte. Han burde vere livredd. Han er på veg til marknaden. Neste gong du ser han er han gamal og gul, ligg på magen i fruktavdelinga. Alt er pynta til fest: eit tropisk tema med ein landsby av stråhytter og døsande gamlingar under små plastpalmer, eit glimt av paradis for dei innfødde kvinnene som skuvar handlevogner mellom råskne reolar, seglbåtar kryssar att og fram over den blå laguna.

Banana

All the way across the ocean the banana lounges on his back in the hold, green and cocky, optimistic about the future. He should be terrified. He's on his way to market. The next time you see him he's aged and yellow, lying on his belly in the fruit section. It's all decorated up like a festival: a tropical theme with a village of thatched huts and old men dozing under little plastic palms, a flash of paradise for the native women pushing shopping carts down the humid aisles, sailboats tacking back and forth across the blue lagoon.

[R.H.]

Prosadiktet

Eg likar å tenkje på prosadiktet som ein eventyrar når han set segl mot ope hav, fortapt i legendene om El Dorado og Soria Moria, draumen om ei ny verd der alt er muleg, der alt kan skje. Men det er vanskeleg å seie om slike stader verkeleg finst; det er ikkje spor av dei på noko kart. Etter få år er sjøfolka forkomne av heimlengt og skjørbuk, ei sugande kjensle av at liva deira er bortkasta. Meir truleg då at prosadiktet er ein kasse vodka gøymd i maskinrommet på *Titanic*, bruka til kortbord av maskinistane etter ei lang, hard vakt, alle svoltne på handling, på at noko uventa skal skje—brå rikdom, litt spaning i det minste, ein drink medan dei reknar ut kor mykje dei har tapt.

The Prose Poem

I like to think of the prose poem as an explorer setting sail for the open sea, lost in the legends of El Dorado or Soria Moria, the dream of a new world where everything is possible, anything can happen. But it's hard to tell if such places really exist; no traces of them can be found on any maps. After a few months, the sailors are all homesick and stricken with scurvy, a sinking feeling they have wasted their lives. It's more likely then the prose poem is a case of vodka hidden away in the engine room of the *Titanic*, used as a card table by the machinists after a long hard watch, all of them hungry for action, for something unexpected to happen—sudden riches, some excitement at least, a drink while counting their losses.

[R.H.]

3

Lemen

Lemen har ikkje lagånd. Alle seier at det blir lemenår i år, og du skulle tru at dei ville gle seg litt, hoppe omkring, gje kjertlane til kvarandre ein venleg sniff. Dei gjer ikkje det. Dei pistrar forbi som alltid, glefser til naboane, surare enn nokon gong. Av ein eller annan grunn toler dei framgangar dårleg, og styrer rett mot næraste avgrunn ved første teikn på suksess. Kanskje ser ei mor ein av sønene sine i trafikken, men ho vinkar ikkje, stoggar ikkje for å høyre korleis han har det, kva han har drive det til. Ho berre passerer i ei sky av støv og mosa blåbær. Ho veit at dei ikkje har noko tid å miste.

Lemmings

Lemmings have no team spirit. Everyone says this will be the year of the lemmings, and you'd think they would be pleased about it, jump around a bit, give each other's glands a friendly sniff. They don't. They're squeaking by as always, snapping at their neighbors, grumpier than ever. For some reason they don't take prosperity well, and head straight for the nearest abyss at the first sign of success. Perhaps a mother sees one of her sons in the traffic. She doesn't wave, doesn't stop to find out how he's doing or what he's made of himself. She just passes him in a cloud of dust and crushed blueberries. She knows there's no time to lose.

[L.J.]

Blikk

I dag øver eg på dyreblikk. Eg vinglar att og fram mellom *jaktande løve* og *angrande hund* før eg landar på *sau i regn*. I motsetnad til den offentlege meininga, tykkjer eg ikkje at blikket er vanskeleg. Blikket er lett, ei fjør som dansar i vinden. Ein måte å sjå livet på. Den vanskelege delen er å førestelle seg eit anna liv enn dette. Eit liv utan sildrande regn og våt ull. Tørre dagar. Den humpete køyreturen til slakteriet.

Stares

Today I am practicing animal stares. I bounce back and forth between *hunting lion* and *regretful dog* before I decide on *sheep in the rain*. Contrary to public opinion, I don't think the stare is difficult. The stare is easy, a feather dancing in the wind. A way of looking at life. The difficult part is to imagine a life other than this. A life without trickling rain and wet wool. Dry days. The bumpy ride to the slaughterhouse.

[L.J.]

Landskap med tradisjonelle svevngjengarar

Ein tradisjonell svevngjengar i blå pysjamas kjem ned troppa med utstrekte armar, mumlar usamanhengande, opnar ytterdøra og går ut i natta mot klippene og sjøen som bryt tungt nedanfor. Vi misser ikkje ei rørsle: retningsendringa ved stallen, det elegante steget over steinmuren, balanseringa på klippekanten. Det er klassisk. Og eg tel over tjue sauer som søv i graset på vegen hit. Så mykje svevn. Vi anar ikkje kven mannen på klippene er, men det er berre to mulege utgangar på dette. Kanskje snur han og går tilbake til huset, kanskje vaknar han og dett i sjøen.

"Der er det ein til!" seier du. "Kvar? Kvar?" "Der borte i skogkanten, ser du ikkje?"

Landscape with Traditional Sleepwalkers

A traditional sleepwalker in blue pajamas comes down the stairs with outstretched arms, mumbles incoherently, opens the front door and walks into the night toward the cliffs and the sea rolling heavily below. We don't miss a move; the changes in direction by the stables, the elegant step over the stone wall, the balancing on the edge of the cliff. It's classical. And I count more than twenty sheep sleeping in the grass on my way over there. So much sleep. We have no idea who the man on the cliff is, but there are only two possible ways this can end. Perhaps he will turn around and walk back to the house, or perhaps he will wake and fall into the sea.

"There's another one!" you say. "Where? Where?" "Over there, by the edge of the forest, don't you see?"

[L.J.]

Husorgelet

Ingen veit sikkert korleis det kom i hus, kva som førde beistet inn i stova. Det hadde ein rytmeboks og to tangentrader. Du spelte aldri på det. Storparten av tida stod det urørd i eit hjørne, eit konstant opphav til dårleg samvit og støv. Det var som å overvintre med ein bjørn. Vi stiltra oss langs motsett vegg, krangla aldri. Disposisjonen vår for lykke forfall som ei rekning ingen purrar. Eg spelte på det berre ein gong, ein nølande versjon av "Våren" av Grieg. Lyden av tinande is og gåseungar som spratt over snøen fylte stilla mellom akkordane som pust i ei tom kyrkje.

The Organ

No one knows for sure how it got here, who brought the beast into the living room. It had a rhythm box and two tiers of keys. You never played it. It just sat untouched in the corner, a constant source of guilt and dust. It was like wintering with a bear. We tiptoed along the opposite wall, never fought. Our desire for happiness came due like a bill no one warned us about. As for me, I played it only once, a halting rendition of "The Spring" by Grieg. The sounds of thawing ice and of catkins sprouting through the snow filled the silence between the chords like breath in an empty church.

[R.H.]

Andpusten

Eg er alltid litt for seint ute til ting som hender i livet mitt. Det er difor eg aldri har landa ein anstendig jobb, aldri har ete meg heilt mett. Eg er ganske enkelt ikkje der når dei viktige avgjerdene blir tekne: eg kjem når alt er over, andpusten og småsvolten, akkurat i tide til å sjå bussen køyre ut av stasjonen. Viss eg hadde ein bil ville eg følgd etter bussen ut av byen for å sjekke at du ikkje stod av, at eg ikkje venta på deg der, haldeplass etter haldeplass, utan noko å by deg, utan noko å seie.

Out of Breath

I'm always a little late for the goings-on in my life. This is why I've never landed a decent job, never had a full meal. I'm just not around when the big decisions are made; I arrive when it's all over, out of breath and a little peckish, just in time to see the bus pull away from the depot. If I had a car, I'd follow it out of town to make sure you didn't get off, that I wasn't the one waiting for you, stop after stop, with nothing to offer, nothing to say.

[R.H.]

Skuld

Vi skuldar Elisabeth og Tomas middag. Vi skuldar bestemor eit besøk til grava hennar. Vi skuldar bror min julegåver for to år, og Lars ein solid siger i bridge. Vi har forsømd hagen i årevis, for ikkje å nemne fru Hansen ved sidan av. Vi skuldar katten ny sand, kemnaren tjueto tusen, og sjefen til kona juling for lengje sidan. Vi skuldar det skiftande vêret veker med influensa. På andre sida av hagegjerdet ligg den gule plastanda på ryggen med beina i vêret. Vi skuldar ho ei oppattliving. Og borte i gata kjem postmannen gåande med ein ny bunke rekningar. Vi skuldar han så mykje, vi vil aldri klare å betale han det han fortener.

Debts

We owe Thomas and Elizabeth dinner. We owe my grandmother a visit to her grave. We owe my brother Christmas presents for the last two years, and Lars a solid win at bridge. We've neglected our garden for years, to say nothing of Mrs. Hansen next door. We owe our cat more sand, the IRS $22,000, and the wife's boss a beating from long ago. We owe the changing weather several weeks of flu. Over the garden fence, the yellow rubber duck has capsized, its legs sticking straight up in the air. We owe it a resurrection. And now, down the block, the mailman comes with a heap of new bills. We owe him so much, we'll never be able to pay him what he deserves.

[R.H.]

Ein aldri så liten lyd

Du ser etter den underliggjande meininga i ting, men somtid er ho ikkje der. Ikkje eit spor. Vanlegvis er det noko du kan bruke til vegstikker når du patruljerer dei kvite flekkane på kartet, topografiske fareskilt: ADVARSEL! BJØRNAR I OMRÅDET. Du styrer unna, men ein morgon finn du kloremerke på hagetrea og alle søppeldunkane er velta, innhaldet strøydd ut overalt. Den eine halvparten av deg vil kjøpe seg gevær og gå på jakt. Den andre vil flytte til Mallorca. Det er ein balansekunst. Om natta ligg du urørleg, spil vaken i senga. Kva som helst kan få deg til å tippe over. Hår som reiser seg, ein aldri så liten lyd.

Even the Slightest Sound

You look for the underlying meaning in things, but sometimes it's not there. Not a trace. Usually there's something you can use as a road marker when you patrol the blank spots on the map, topographic warning signs: BEWARE! BEARS IN THE AREA. You steer away, but one morning you notice scratchmarks on the trees in your yard and the garbage cans are overturned, their contents spilled all over the place. One part of you wants to buy a gun and go hunting. The other part wants to move to Mallorca. It's a balancing act. Late at night you lie motionless, wide awake in bed. Anything can make you tilt. Hair standing up, even the slightest sound.

[L.J.]

Nattmåling

Han byrjar med skyminga og tynne silhuettar på ein åsrygg mot himmelen. Myrer og småskog. Han målar med snøgge strok, detaljar snøgt viska ut av mørkret. For kvart strok blir det mørkare. Han målar snøggare. Han målar eit hus. Han målar eit vindauge han ser ut av. Han målar at mørkret kjem inn vindauget og kler opp handa, penselen, alt. Til sist legg han maskeringsljos frå ei parafinlampe over andletet sitt så ingen skal sjå korleis han ser ut i mørkret.

Night Painting

He begins with the dusk and a few thin silhouettes on a ridge against the sky. Marshland and brushwood. He paints with quick strokes, details quickly erased by the dark. With each stroke it gets darker. He paints quicker. He paints a house. He paints the window he's looking out of. He paints the dark entering through the window, coating everything, his hand, his brush. Finally, he adds a masking light from a kerosine lamp to his face so no one can see what he looks like in the dark.

[L.J.]

På hotell i Riga

Seint ein kveld ringjer telefonen, men det er ingen der, ingen i nokon av endane. Som om longe brotne samtalar har kome i gang igjen på eiga hand, eller dei som gjekk til feil nummer har funne ut kvar dei gjekk feil og no får rett apparat til å ringje. Men ingen svarar, og samtalane blir sogne inn i trådane igjen, kolliderer, blandar seg i uforståelege diskusjonar, katastrofale misforståingar. Denne gongen er det til meg, men eg overnattar på eit anna hotell, duppar som ein stein i vassenga. Nede i vatnet nasar ein gullfisk omkring i draumslammet, og på veggen rammar blinkande neon inn andletslause portrett av pensjonerte statstenestemenn.

In a Hotel in Riga

Late one night the phone rings, but no one is there, no one on either end. It's as if conversations broken off years ago have suddenly started up again on their own, or those that went to the wrong numbers have finally figured out where they went wrong and now make the right phones ring. But no one answers, and the conversations are sucked back into the lines, colliding, getting mixed up with incoherent discussions, disastrous misunderstandings. This time it's for me, but I'm spending the night in a different hotel, sleeping like a log on a waterbed. Down in the depths a goldfish noses around in the dream sludge, and on the wall blinking neon frames the faceless portraits of retired civil servants.

[R.H.]

Fiskaren

Ulikt andre poetar har eg berre oppdikta lesarar. Det er ei sær og uregjerleg gruppe, alt dei kan einast om er kvaliteten på dikta mine. Dei arrangerer opplesingar og årlege kongressar, hyller mine "einestående evner til å lyfte nederlag til eit nytt nivå." Eg er òg oppdikta, ein høg og mørk mann med ei røyst som får kvinner til å dåne, eit produkt av fantasien til ein arbeidslaus fiskar ute på piren som tel måsar til neste trygdeutbetaling kjem inn.

The Fisherman

Unlike other poets, I have only imaginary readers. It's a strange, unruly crowd; all they can agree on is the quality of my poems. They arrange readings and annual conventions, praising my "extraordinary ability to raise failure to a new level." I'm imaginary, too, a tall dark man with a voice that makes women faint, the invention of an unemployed fisherman on a pier, counting gulls until the next social security check comes in.

[R.H.]

Desember

Josef er deprimert og låser seg inn i snikkarbua. I årevis har han spikka på eit landskap i sandeltre—ei samtidsscene med folk og dyr og infrastruktur. Hundrevis av miniatyrfigurar, omhyggeleg pussa og måla. Han er ferdig med sauene og gjetarane, ferdig med himmelen og stjernene. Alt som står igjen er å sy små kjortlar til dei vise menn. *Desember*. Den hjartelause månaden. Han har endeleg nådd utkanten av ørkenen, ein tomleik så endelaus at ein mann kunne forsvinne der for alltid—ein liten figur, bortkomen mellom klippene og sanddynene, som følgjer langbeinte kamelar gjennom nålauget.

December

Joseph is depressed and locks himself in the woodshed. For years he's been whittling a landscape out of sandalwood—a contemporary scene with people, animals, infrastructure. Hundreds of miniature figures carefully crafted and painted. He's finished the sheep and shepherds, finished the stars and sky. All that's left is to sew the little robes for the wise men. *December.* The cruelest month. He's finally reached the edge of the desert, an emptiness so vast a man could disappear forever—a tiny figure lost among the cliffs and sand dunes, following long-legged camels through the needle's eye.

[R.H.]

4

Anna

Etter å ha fødd to fine søner, la Anna eit egg. Fødselslegen rådde henne til å ruge ut egget på sjukehuset, men det var opp til henne. Veninnene hennar sa at ingen ruga på sjukehuset lenger, ho burde ruge heime på gamlemåten. Mora hennar sa at ho ikkje var hønete nok enno. Faren hennar sa at han skulle halshogge den jævla hanen. Men Anna stod på sitt. Ho ville grave ned egget i sanden på ei tropisk øy. Akkurat som havskjelpadda. Havskjelpadda som sym fleire hundre mil gjennom djupet og navigerer rett tilbake til stranda der ho blei fødd: lyden av bølgjer og skrikande fuglar, utsvoltne øgler som nasar i sanden etter mat... og så, det ville floget ned til havet.

Anna

After giving birth to two fine sons, Anna laid an egg. Her obstetrician advised her to hatch the egg in the hospital, but the decision was up to her. Her girlfriends said no one hatched at hospitals any more; she should hatch at home in the old fashioned way. Her mother said she wasn't hennish enough yet. Her father said he would decapitate the bloody rooster. But Anna stood her ground. She wanted to bury the egg in the sand on a tropical island. The way some sea turtles do, the kind that swim thousands of miles through the deep and navigate back to the beach where they were born: the sound of waves, and birds crying, starved lizards scavenging the sand for food...then the wild flight down to the surf.

[R.H.]

Tvillingar

Jon og Liv kan ikkje få eigne tårer, så dei spør ein mann om han vil vere surrogatmor for tårene deira. Dei har prøvd alt: sorg, smerte, sjølvpåførd glede, men ingen tårer kjem. Så når mannen aksepterer, er det som ei nådegåve. Dei inseminerer han med dei mest utsøkte kjenslene sine, og avtalar at han skal fø heime. Når tida kjem, leier dei han varsamt inn på soverommet og bind hendene og føtene hans til sengestolpane med lange, gule silkeband. Så stikk Jon ein finger i ribbeina på mannen, og mannen stønnar. Liv stryk han over panna og stønnar saman med han. Når Jon stikk hardare, skrik mannen, og ei tåre fell frå det eine auget hans. "Sjå!" jublar Liv. Når Jon stikk han igjen, fell endå ei tåre. "Tvillingar!" ropar Liv, og går ned på kne for å kysse handa som matar dei.

Twins

Jon and Liv can't have tears of their own, so they invite a man to be the surrogate mother of their tears. They've tried everything: grief, pain, self-inflicted joy, but no tears come. So when the man agrees it's like a gift of grace. They inseminate him with their most exquisite emotions and arrange for him to give birth at home. When the time comes, they lead him gently into the bedroom, and tie his hands and feet to the bedposts with long yellow silk ribbons. Then Jon pokes the man in the ribs, and the man moans. Liv strokes his forehead and moans right along with him. When Jon pokes him harder, the man screams, and a tear falls from one of his eyes. "Look!" Liv rejoices. When Jon pokes him again, another tear falls. "Twins!" Liv yells, and kneels down to kiss the hands that feed them.

[R.H.]

Den vesle rakkaren

Eg tvilar ikkje på at det er muleg å akkumulere litt visdom i dette livet. Det er eit par tabbar eg aldri vil gjere om igjen, til dømes. Men når det kjem til stykket er visdom til liten praktisk nytte, og tilleggsvekta vil uunngåeleg føre til ryggsmerter, hovudpine, balanseproblem—ein tilstand dumpa i fanget ditt som ein unge du ikkje visste du hadde. "Ta han du," seier mora, og forsvinn i ei sky av røyk. Det er ingen vakker unge. Så innser du at viss du er ein god far vil ungen vekse opp og gå på skule, skaffe seg jobb, familie, skuld. I mellomtida er den vesle rakkaren tilfreds med å utstyre reiret sitt med ting du har mista; sjelefred, nattesvevn, tustar av snøgt grånande hår.

The Little Tyke

I don't doubt it's possible to accumulate some wisdom in this life. There are a couple of mistakes, for example, I'll never repeat. But basically wisdom serves no practical purpose, and the added weight inevitably leads to back pains, headaches, balance problems—a condition dumped in your lap like a baby you didn't know you had. "You raise it," the mother says and vanishes in a puff of smoke. It's not a pretty baby. But then you realize if you're a good father the kid will grow up and go to school, start its own family, get a job, go into debt. Meanwhile, the little tyke is content lining its nest with things you've lost: peace of mind, a good night's sleep, tufts of swiftly graying hair.

[R.H.]

Barneskoen

til Asbjørn Kanestrøm

Ein barnesko spirer mellom to brusteinar i gata. Ein mann ser skoen og tykkjer at det manglar noko—eit barn, kanskje, ein barnefot. Så han kjøper barnegraut, og fyrstikker til å byggje eit stakittgjerde kring skoen med. Tolmodig matar han det tannlause gapet, tolmodig målar han det vesle gjerdet. Han set opp eit stråskilt ved porten med påskrifta: LIVET HAR SOLSKIN OG LIVET HAR SORG, MEN HEIME HJÅ MOR ER DEN TRYGGASTE BORG. Og sakte byrjar noko å vekse i skoen—ei tå, ei til, og så endå ei; eit heilt blad med fem tær tek form, ein ankel. Forbipasserande stoggar og seier: "Det var ein fin ankel, er det din?" Seinare stig ein legg opp av skoen, eit kne. Då vil ikkje foten meir. Men mannen er fornøgd, riv opp foten og tek den med heim og plantar den i ei potte i bokhylla. I mellomtida står skoen framleis ute på gata og grev mellom brusteinane, grev til solen forsvinn, overlêret, reimene, til sist stikk berre den raude tungespissen opp av grusen.

The Child's Shoe

for Asbjørn Kanestrøm

A child's shoe sprouts between two cobblestones in the street. A man notices and thinks something is missing—a child or a child's foot. He buys baby food, and some matches so he can build a picket fence around the shoe. Patiently, he feeds the toothless hole; patiently, he paints the tiny fence. By the gate, he puts up a straw sign with the caption: *Life brings sunshine, life brings sorrow, but being at home with mother brings sweet morrow.* And slowly something begins to grow in the shoe—a toe, then another and another. A sole with toes takes shape, an ankle. Passers-by stop and say, "That's certainly a handsome ankle. Is it yours?" Later, a leg rises from the shoe, a knee. Then the foot has had enough. But the man is pleased. He pulls the foot out, brings it home, and replants it in a pot on the bookshelf. Meanwhile, the shoe is still in the street, digging between the cobblestones, digging until the sole disappears, the upper vamp, the laces. Finally, only the red tip of a tongue is visible above the gravel.

[R.H.]

Endelaus vidde, skyer

"Ser du ikkje?" seier ho, "livet vårt har gått sund." Og peiker på mingvasen i tusen bitar på golvet—blå og kvite vidder, fjerne vatn og flekkar med snø. Over tregrensa vibrerer solbarduner gjennom hol i skyene og held jorda stø. Vindflager rislar i lyngen og støkkjer ei rype framom føtene mine. "For eit rot," seier ho og går for å hente støvsugaren.

Endless Plains, Clouds

"Don't you see?" she says. "Our life is broken." And points to the Ming vase lying in pieces on the floor—blue and white high plains, distant lakes and patches of snow. Above timberline, lit wires vibrate through holes in the clouds, keeping the earth steady. A gust of wind ripples the heather and flushes a grouse at my feet. "What a mess," she says, and goes to fetch the vacuum.

[R.H.]

Lågtrykk

Eg er vanlegvis ein lystig fyr, sjølv når det regnar. Eg kan takke foreldra mine for det. Ein samanhengande serie lågtrykk gjennom dei viktige barneåra prova dei rett. "Du har ingenting å klage over, tenk på ungane i Afrika." "Det finst ikkje dårleg vêr, berre dårlege klede." Men denne tenkjemåten fungerer ikkje i alle situasjonar. Kanskje prøver nokon seg på kona mi. Eg hadde kome betre frå det med luktmarkeringar. Det er eit strategispel. Viss eg tabbar meg ut har eg eit større problem enn våte klede og byrjande forkjøling. Ho forlet meg, kastar meg i elva som ein pinne. Før eg skjønar kva som har hendt, driv eg bort frå breidda der livet mitt enno kavar omkring, berre kledd i T-skjorte og underbukser. Det verkar så lite, som om eg aldri har sett det halvnake og dyrisk før, på alle fire ved ei elv med eit lågtrykk på veg inn.

Low Pressure

I am usually a happy fellow, even when it rains. I can thank my parents for that. A continous series of low pressure systems throughout the important childhood years proved them right. ”You have nothing to complain about. Think of the children in Africa.” “There’s no such thing as bad weather, only bad clothes.” But this kind of thinking doesn’t always work in other situations. Perhaps someone makes a move on my wife. I might do better with scent marking. It’s a game of strategy. If I make a fool of myself, I have a bigger problem than wet clothes and the beginning of a cold. She leaves me, throws me in the river like a stick. Before I understand what has happened, I drift away from the shore where my life, dressed only in a T-shirt and trunks, is struggling to stay on its feet. My life seems so small, half-naked and beastly, down on all fours by a river, a low pressure system moving in.

[L.J.]

Urho Sariainen

"Likar du å fiske?" spør eg Urho Sariainen, den vidgjetne åtti år gamle slukmakaren frå Posio som har heidra byen vår med eit besøk i sommar. Han er ein føregangsmann i sitt felt, og byrja å arbeide med traumatiserte slukar tidleg på 70-talet—slukar med rusta krokar i munnen, avrivne finnar og oppflerra gjeller, auge som speglar framskriden paranoia og depresjon, andlet frosne i frykt berre eit møte med døden kan skape. "Fisking er ingen piknik," seier den gamle meisteren, og klør ein einøygd rapala på magen.

Urho Sariainen

"Do you like fishing?" I ask Urho Sariainen, the fabled eighty-year-old lure-maker from Posio, who has honored our town this summer with a visit. A pioneer in the field, he began working with traumatized lures in the early 70's—lures with rusty hooks in their mouths, fins all torn off, gills slashed, eyes reflecting advanced paranoia and depression, faces frozen in fear only encounters with death can cause. "Fishing's no picnic," the old master says, scratching a one-eyed Rapala on its belly.

[R.H.]

Plakatdikt

Det er ein av desse glansa plakatane med motiv frå Rocky Mountains som ungdomar likar å hengje opp på romma sine. Ein grøn innsjø, lier i skarpe haustfargar, høge fjell med snø på toppane. I hitenden av innsjøen ligg ei tømmerhytte. To menn kjem ut på trammen, strekkjer seg og geispar i den kjølege morgonlufta. "Eg kunne venje meg til dette," seier Harald, "fiske i innsjøen, gå tur i fjellet." "Eg er ikkje sikker," kviskrar Frank, "men eg trur nokon held auge med oss."

Poster Poem

It's one of those glossy posters with a motif of the Rocky Mountains that kids like to hang up in their rooms. A green lake, hillsides in clear autumn colors, high snow-capped mountains. At the near end of the lake there's a log cabin. Two men appear on the front steps, stretching and yawning in the chill morning air. "I could get used to this," Harold says, "fishing in the lake, hiking in the mountains." "I'm not sure," Frank whispers, "but I think we're being watched."

[R.H.]

300 M

Tørr kolbe. Kjøleg metall. Kjensla av kontroll når pulsen ikkje går i børsa. Målet låst i dioptret. Eg held pusten og trykkjer av. *Bang.* Sjølvanvisaren slår ut med ein rustraud arm. Ekko rullar mellom åsane, krutrøyk krøllar seg i lufta som kjønnshår. *Bang. Bang.* For kvart treff slår anvisaren ut med armen. Ein mest menneskeleg skapnad, ein mann som trur fullt og fast på det tredje riket. Kvifor skrik han ikkje? Kvifor blir han ikkje liggjande?

300 M

Dry stock. Cold metal. A feeling of control when my pulse doesn't enter the rifle. The target locked in the diopter. I hold my breath, squeeze the trigger. *Bang.* The hit indicator lifts a rusty arm. The echo cascades over the hills, gunsmoke curls in the air like hair. *Bang. Bang.* With each hit, the indicator lifts its arm. It looks almost human, a man paying allegiance to the Third Reich. Why doesn't he scream? Why doesn't he stay down?

[R.H.]

Ein ny dag

Lærarinna ser ut over klasserommet. Ho kan høyre interessa falle gjennom elevane. Det er den einaste lyden, mest uhøyrleg, lyden av ein fjellklatrar som fell frå ein fjern topp. Ho orkar ikkje å spørje ein gong til. Ho er trøytt av spørsmål, trøytt av svar. Trøytt av talentlause improvisasjonar. Det er som å høyre eit danseband spele Creedence Clearwater Revival. Ikkje eit glimt av forståing. Ho slår ut med armane. Utanfor vindauget ser ho ordføraren kome. Håret hans er bustete, det eine jakkeermet rive av. I eit kort sekund møter han auga hennar. Så blæs han vidare, rullar som ein ball ut på den tomme leikeplassen.

A New Day

The teacher looks around the classroom. She can hear spirits fall among the students. That's the only sound, almost inaudible, the sound of a climber falling from a distant peak. She doesn't want to repeat the question. She's tired of questions, tired of answers, tired of talentless improvisations. It's like listening to a dance band playing Creedence Clearwater Revival. Not a glimpse of understanding. She lifts her arms helplessly. Outside the window she can see the mayor approach, his hair tousled, one sleeve of his jacket torn off. For a second their eyes meet. Then he blows on, rolling like a ball into the empty playground.

[L.J.]

Nordvestlandet

Vêret på desse kantar er ganske bra, men det varar ikkje lengje. Det regnar sjeldan nok til å fløyme over åkrane, berre nok til at avlingane blir dårlege. Det er som å leve med ein ven som drikk litt for mykje. Vi har ikkje hatt ein orkan på mange år, men det blæs nok til å skiple ein frisyre, til at du kler deg for varmt, og så blir du sjuk. Men sjukdom er ikkje til å lite på. Akkurat når du trur det verste er over, blir du verre. For å vere på den sikre sida går du til doktoren. Han talar om stress på jobben og det umenneskelege tempoet i vår tid. "Kjapp-kjapp," seier han. "Nei-nei," seier du. "Det er vinden." Han høyrer ikkje. Han er ikkje frå desse kantar. Du betalar og går, vel vitande om at det regnar ute, at skorne dine ikkje er vasstette, at genseren din er for varm og jakka di for tynn, at dette livet ikkje sparar nokon, og det er ingen veg utanom.

The Northwest

Weather patterns in these parts are pretty good, but they don't last all that long. There's never enough rain to flood the fields, just enough to make the crops poor. It's like living with a friend who drinks a bit too much. We haven't had a hurricane in years, but it's windy enough to ruin a hairdo, for you to overdress, and then, of course, you come down with a cold. But getting sick isn't reliable. Just when you think you're getting better, you get worse. To be on the safe side, you visit your doctor. He talks about the stress at work, the inhuman speed of our times. "Chop, chop," he says. "No, no," you say, "it's the wind." But he's not listening. He's not from around here. You pay the bill and leave, well aware it's raining outside, that your shoes are not waterproof, your sweater is too warm, your jacket too thin, that this life spares no one, and now there's no getting out.

[R.H.]

November

Det hender så snøgt. Ein kveld ligg du i senga og stirer ut vindauget på månen, på mørkret, på ingenting— og brått sprekk eit blodkar i hjernen, ein bil køyrer av vegen. Det er ikkje deg men nokon nær deg. Du er lamslegen av det uformelle ved det heile. Somtid kollapsar dei viktige tinga så snøgt, så uboteleg, at dei blir svidde inn i minnet. Men ting bleiknar med tida, og du gløymer. Av ein eller annan grunn er dei ikkje så viktige som du trudde. Du har andre ting å engste deg over no. Høgt blodtrykk, for lite tid, kona som køyrer opp frå Oslo på isglatte vegar. Du veit at det vil bli ei lang og mørk natt. Du vil ikkje ta auga av vegen eit sekund.

November

It happens so fast. One night you're lying in bed staring out the window at the moon, the dark, at nothing—and suddenly a blood vessel bursts in the brain, a car swerves off the road. It's not you, but someone close to you. You're stunned by the informality of it all. Sometimes the important things collapse so fast, so irreparably, they get seared into your memory. But soon things fade and you forget. For one reason or another, they're not as important as you thought. You have other worries now. High blood preassure, too little time, your wife driving up from Oslo on slippery asphalt. You know you're in for a long, dark night. You won't take your eyes off the road for a second.

[R.H.]

Grøn

Eg var grøn, og passa best som juletre. Alle på avdelinga var einige. Eg følgde instruksjonane deira nøye: tørka ut, anga granskog, vekte barndomsminne. Men eg sakna kanarifuglen min, og gøymde meg i kjellaren for å kunne tenkje på han i fred. Då blei alle sinte fordi eg ikkje hadde leivt eit dryss av barnåler dei kunne følgje. "Kva om vi hadde gått oss bort?" klaga doktoren. Eg stod ved vindauget. Eg var trøytt no. Langt borte kunne eg sjå skogen under eit teppe av snø. Eg ville heller stå der.

Green

I was green, the best suited to be the Christmas tree. Everyone in the ward thought so. I followed their instructions carefully: I dried out, smelled like a forest, revived childhood memories. But I missed my canary, and hid in the cellar so I could think about him in peace. Then everyone got mad because I'd forgotten to leave a trail of needles they could follow. "What if we'd lost our way?" the doctor said. I stood by the window. I was very tired now. Far away I could see the forest under a blanket of snow. I would rather stand there.

[L.J.]

Midnatt, 1. januar

Parfymerte bilar driv gjennom byen, leiver luktmarkeringar ved kvar dam av ljos. Sjåførane slår tungt på innsida: store, einsame limousinhjarte med “Move It On Over” tatovert på sidene. Dei driv forbi aude fortau og hus, inntulla som nyfødde i kuvøser. Ei engsteleg mor står opp og ser ut vindauget på den kvervlande snøen. Bakom sjukehuset jagar ein rev halen sin over parkeringsplassen, fanga i skuggen så mykje større enn han sjølv.

Midnight, January 1

Perfumed cars drift through town, marking territory at each pool of light. Inside, the drivers are all beating hard: huge, lonely limousine-hearts tattoed everywhere with "Move It On Over." They cruise by deserted sidewalks and houses. They're all bundled up like babies in incubators. A worried mother gets up and looks out the window at the snow swirling down. Behind the hospital, a fox chases its tail across the parking lot, caught by a shadow so much bigger than itself.

[R.H.]

Tundraen

Det middelaldrande paret levde for dette: gjekk på husvisningar så ofte dei kunne, diskuterte pris, om området var attraktivt, om tida var kome til å flytte igjen. Dei studere kart og lokalhistorie om kveldane, pakka tinga sine i øskjer merkte *kjøken*, *bad*, *kommode*, berre for seinare å pakke alt saman ut igjen i det nye huset. Det var ikkje huset dei brydde seg om, ikkje så mykje som sjølve flyttinga. Det var som å byrje livet på nytt, noko dei berre måtte gjere, gje opp advokatpraksisen, køyre hundespannet innover den endelause tundraen. Men nedgangen i bustadmarknaden avgrensar dei til å flytte ting innomhus. "Kjære, trur du ikkje denne lampa passar betre over her?" Han snur seg bort og ser ut vindauget. På gata går ein mann nølande gjennom snøen, som om han ikkje veit kvar han er, ikkje veit kvar han er på veg. "Ho passar bra der," seier han. "Eg likar det."

The Tundra

The middle-aged couple lived for this: looking at houses for sale as often as they could, discussing the price, if the area was attractive, whether the time was right to move again. They studied maps and local history all night, packed their things in boxes marked *kitchen, bath, closet,* only to repack everything later in the new house. It wasn't the house they cared about so much as the moving itself. It was like starting life all over again, something they had to do: give up the law practice, drive the dog team into the vast tundra. But the current depression in real estate limits them to moving things around the house. "Honey, don't you think this lamp looks better over here?" He turns away, looks out the window. In the street a man walks hesitantly through the snow, as if he doesn't know where he is, where he's going. "It looks good over there," he says. "I like it."

[L.J.]

About the Author

Dag T. Straumsvåg was born in 1964 and raised along the sparsely populated coastline of western Norway. He has worked as a farmhand, sawmill worker, librarian, and at a local radio station in Trondheim, where he has lived since 1984. His first book of poems, *Eg er Simen Gut*, was published by Aschehoug in 1999. This was followed by the publication of *A Bumpy Ride to the Slaughterhouse* (co-translated by Robert Hedin and Louis Jenkins, Red Dragonfly Press) in 2006. In 2007, choreographer Beth Corning and the Dance Alloy Theater of Pittsburgh, Pennsylvania, performed the ballet, *In a Small Place*, inspired by Straumsvåg's poems. A respected translator of contemporary American poetry, he serves as editor and publisher of Pir forlag, an independent press specializing in poetry. His poems have appeared in numerous journals and anthologies in Norway and the United States.

About the Translators

Born and raised in Red Wing, Minnesota, Robert Hedin is the author, translator, and editor of twenty-one volumes of poetry and prose. Awards for his work include three National Endowment for the Arts Fellowships, two Minnesota Book Awards, a Bush Foundation Fellowship, a McKnight Foundation Fellowship, a Minnesota State Arts Board Fellowship, and the Loft Poetry of Distinction Award. He has taught at Sheldon Jackson College, the Anchorage and Fairbanks campuses of University of Alaska, St. Olaf College, and Wake Forest University, where he was poet-in-residence from 1980-1992. In 2001-2002, he served as the Edelstein-Keller Writer of Distinction at the University of Minnesota. He is co-founder and current director of the Anderson Center, an artist retreat, in Red Wing, and co-edits *Great River Review*.

Louis Jenkins was born and raised in Oklahoma and attended Wichita State University in Wichita, Kansas. He is the author of numerous books, including *An Almost Human Gesture*, *All Tangled Up With the Living*, *Nice Fish: New and Selected Prose Poems*, *Just Above Water*, *The Winter Road*, *Sea Smoke*, *North of the Cities*, *European Shoes*, and *Before You Know It: Prose Poems 1970-2005*. Among his many honors and awards are two Bush Foundation Fellowships, two Minnesota Book Awards, and the Loft-McKnight Award for Poetry. His prose poems have been published in numerous journals and anthologies, including *The Best American Poetry*, *Great American Prose Poems*, and *Good Poems*. His work has also been featured on Garrison Keillor's *Writer's Almanac* and *A Prairie Home Companion*. He lives in Duluth, Minnesota.